Impressum
Verlag: BABADADA GmbH, Nedderfeld 112 , 22529 Hamburg
Geschäftsführer / Verlagsleitung: Harald Hof
Druck: Books on Demand GmbH, In de Tarpen 42, 22848 Norderstedt

Imprint
Publisher: BABADADA GmbH, Nedderfeld 112 , 22529 Hamburg, Germany
Managing Director / Publishing direction: Harald Hof
Print: Books on Demand GmbH, In de Tarpen 42, 22848 Norderstedt

בית ספר
Schule

כיתה
Klassenzimmer
חילק
dividieren
186/2
לוח
Tafel
Schulhof
מורה
Lehrer
נייר
Papier
כתב
schreiben
עט
Stift
שולחן עבודה
Schreibtisch
סרגל
Lineal
ספר
Buch
תלמיד
Schüler

ילקוט
Ranzen

קלמר
Federmappe

עיפרון
Bleistift

מחדד
Bleistiftanspitzer

גומי מחיקה
Radiergummi

חוברת סרטוט
Zeichenblock

סרטוט

Zeichnung

מברשת

Pinsel

קופסת צבעים

Malkasten

מספריים

Schere

דבק

Klebstoff

ספר תרגול

Übungsheft

שיעור בית

Hausaufgabe

12

מספר

Zahl

2+2

חיבר

addieren

5-2

חיסר

subtrahieren

2×2

הכפיל

multiplizieren

חישב

rechnen

A

אות

Buchstabe

ABCDEFG
HIJKLMN
OPQRSTU
VWXYZ

אלפבית

Alphabet

מילה

Wort

טקסט
Text

קרא
lesen

גיר
Kreide

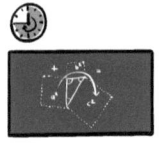

שיעור
Stunde

יומן נוכחות
Klassenbuch

מבחן
Prüfung

תעודה
Zeugnis

תלבושת בית ספר
Schuluniform

חינוך
Ausbildung

אנציקלופדיה
Lexikon

אוניברסיטה
Universität

מיקרוסקופ
Mikroskop

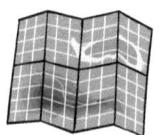

מפה
Karte

סל נייר
Papierkorb

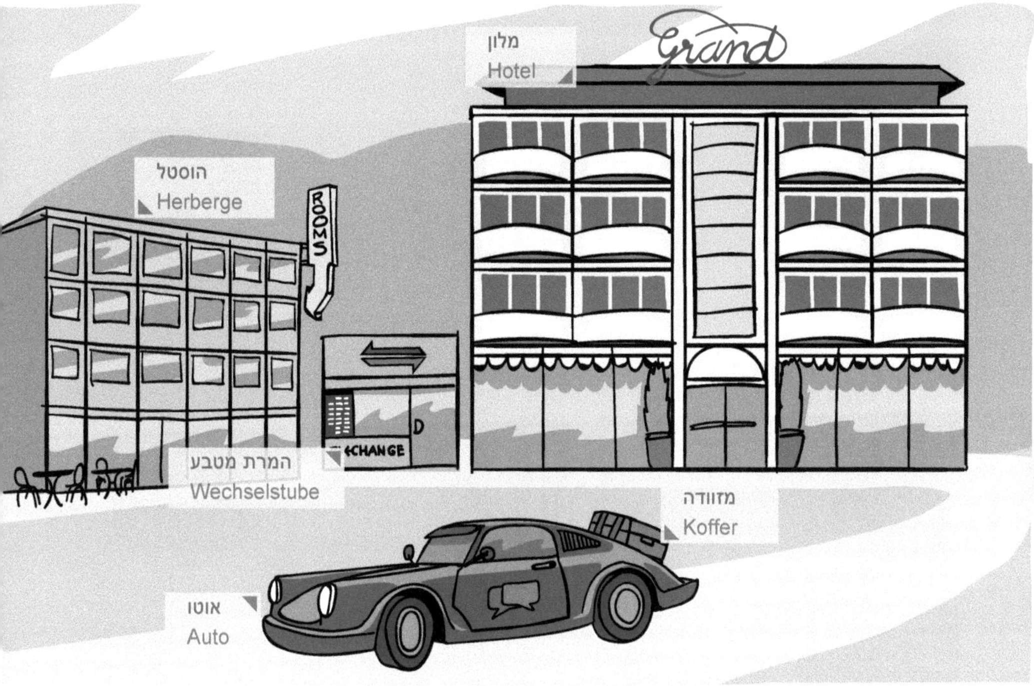

Grand
מלון
Hotel
הוסטל
Herberge
ROOMS
EXCHANGE
המרת מטבע
Wechselstube
מזוודה
Koffer
אוטו
Auto

שפה
Sprache

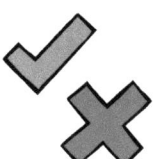

כן / לא
ja / nein

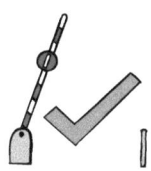

בסדר
Okay

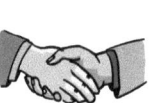

שלום
Hallo

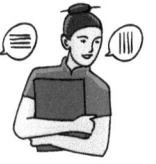

מתרגם
Übersetzer

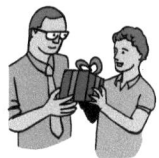

תודה
Danke

כמה עולה.....?

Was kostet…?

אני לא מבין

Ich verstehe nicht

בעיה

Problem

ערב טוב!

Guten Abend!

בוקר טוב!

Guten Morgen!

לילה טוב!

Gute Nacht!

להתראות

Auf Wiedersehen

כיוון

Richtung

כבודה

Gepäck

תיק

Tasche

תרמיל גב

Rucksack

אורח

Gast

חדר

Zimmer

שק שינה

Schlafsack

אוהל

Zelt

מרכז מידע לתיירים

Touristeninformation

חוף ים

Strand

כרטיס אשראי

Kreditkarte

ארוחת בוקר

Frühstück

ארוחת צהריים

Mittagessen

ארוחת ערב

Abendessen

כרטיס

Fahrkarte

מעלית

Fahrstuhl

בול

Briefmarke

גבול

Grenze

מכס

Zoll

שגרירות

Botschaft

אשרה

Visum

דרכון

Pass

תחבורה
Transport

מטוס
Flugzeug
אונייה
Schiff
כבאית
Feuerwehrauto
אוטובוס
Bus
משאית
Lastwagen
סירת מנוע
Motorboot
אופניים
Fahrrad
אוטו
Auto

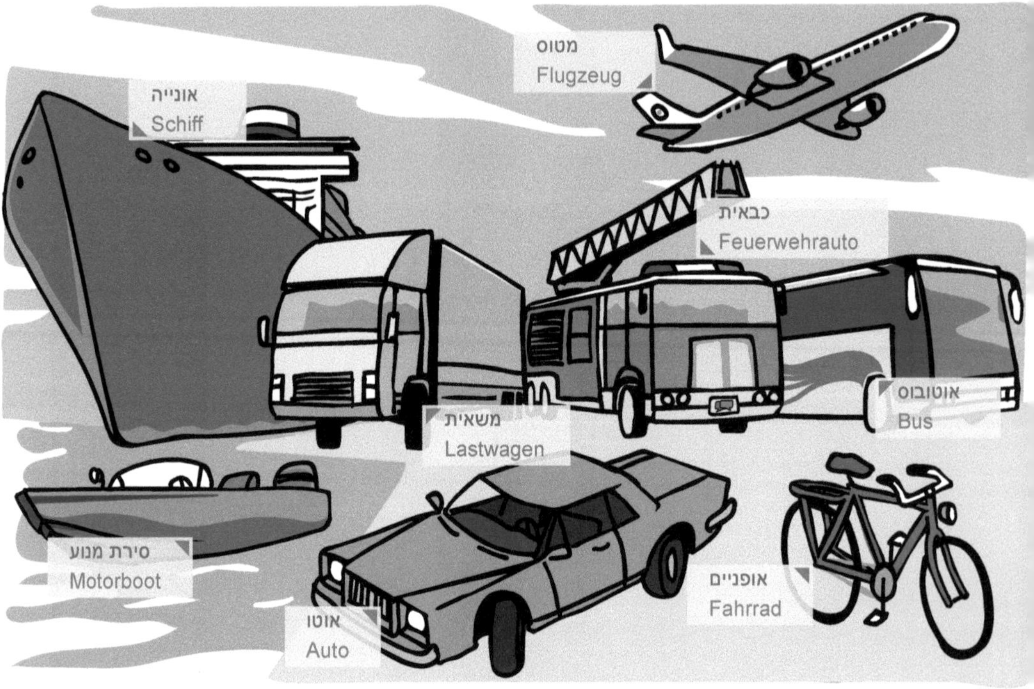

מעבורת

Fähre

סירה

Boot

אופנוע

Motorrad

ניידת משטרה

Polizeiauto

מכונית מרוץ

Rennauto

רכב שכור

Mietwagen

מכוניות בשיתוף

Carsharing

אוטו גרר

Abschleppwagen

משאית זבל

Müllauto

מנוע

Motor

דלק

Kraftstoff

תחנת דלק

Tankstelle

תמרור

Verkehrsschild

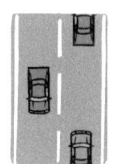

תנועה

Verkehr

פקק תנועה

Stau

חניה

Parkplatz

תחנת רכבת

Bahnhof

פסי רכבת

Schienen

רכבת

Zug

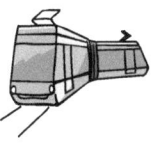

רכבת קלה

Straßenbahn

קרון

Wagon

מסוק

Helikopter

שדה-תעופה

Flughafen

מגדל

Tower

נוסע

Passagier

קונטיינר

Container

קרטון

Karton

עגלה

Karren

סל

Korb

המראה / נחיתה

starten / landen

עיר
Stadt

כפר

Dorf

מרכז העיר

Stadtzentrum

בית

Haus

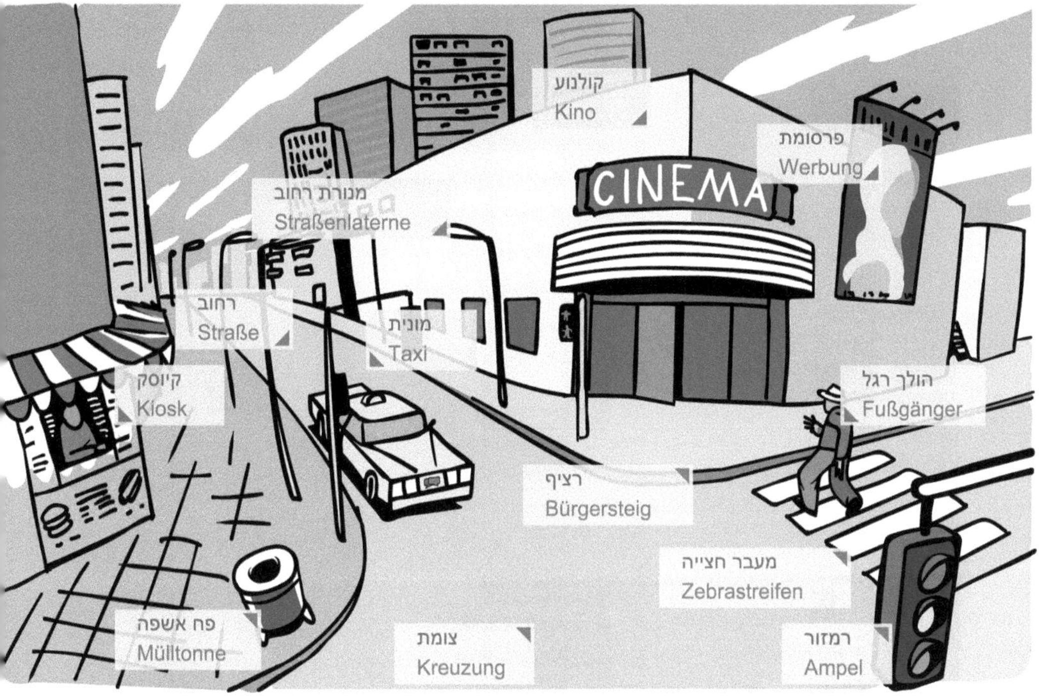

קולנוע
Kino

פרסומת
Werbung

מנורת רחוב
Straßenlaterne

CINEMA

רחוב
Straße

מונית
Taxi

קיוסק
Kiosk

הולך רגל
Fußgänger

רציף
Bürgersteig

מעבר חצייה
Zebrastreifen

פח אשפה
Mülltonne

צומת
Kreuzung

רמזור
Ampel

בקתה

Hütte

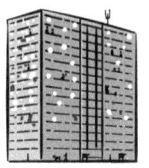

דירה

Wohnung

תחנת רכבת

Bahnhof

עירייה

Rathaus

מוזיאון

Museum

בית ספר

Schule

אוניברסיטה
Universität

בנק
Bank

בית חולים
Krankenhaus

מלון
Hotel

בית מרקחת
Apotheke

משרד
Büro

חנות ספרים
Buchhandlung

חנות
Geschäft

חנות פרחים
Blumenladen

סופרמרקט
Supermarkt

שוק
Markt

כל-בו
Kaufhaus

מוכר דגים
Fischhändler

קניון
Einkaufszentrum

נמל
Hafen

פארק
Park

ספסל
Bank

גשר
Brücke

מדרגות
Treppe

רכבת תחתית
U-Bahn

מנהרה
Tunnel

תחנת אוטובוס
Bushaltestelle

בר
Bar

מסעדה
Restaurant

תא דואר
Briefkasten

שלט רחוב
Straßenschild

מדחן
Parkuhr

גן חיות
Zoo

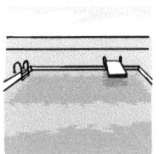

בריכת שחיה
Badeanstalt

מסגד
Moschee

חווה
Bauernhof

זיהום
Umweltverschmutzung

בית עלמין
Friedhof

כנסייה
Kirche

מגרש משחקים
Spielplatz

בית מקדש
Tempel

נוף
Landschaft

עלה
Blatt

תמרור
Wegweiser

דרך
Weg

מרעה
Wiese

אבן
Stein

עץ
Baum

מטייל
Wanderer

נהר
Fluss

דשא
Gras

פרח
Blume

בקעה

Tal

הר

Berg

אגם

See

יער

Wald

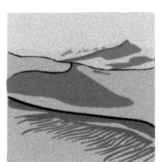

מדבר

Wüste

הר געש

Vulkan

טירה

Schloss

קשת בענן

Regenbogen

פטריה

Pilz

דקל

Palme

יתוש

Moskito

זבוב

Fliege

נמלה

Ameise

דבורה

Biene

עכביש

Spinne

נוף - Landschaft

חיפושית

Käfer

צפרדע

Frosch

סנאי

Eichhörnchen

קיפוד

Igel

ארנב

Hase

ינשוף

Eule

ציפור

Vogel

ברבור

Schwan

חזיר בר

Wildschwein

צבי

Hirsch

אייל הקורא

Elch

סכר

Staudamm

טורבינת רוח

Windrad

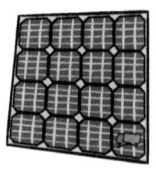

פנל סולארי

Solarmodul

אקלים

Klima

מסעדה

Restaurant

מלצר
Kellner
תפריט
Speisekarte
כסא
Stuhl
מרק
Suppe
פיצה
Pizza
סכו"ם
Besteck
מפת שולחן
Tischdecke

מנת פתיחה

Vorspeise

מנה עיקרית

Hauptgericht

קינוח

Nachspeise

שתיות

Getränke

אוכל

Essen

בקבוק

Flasche

מזון מהיר

Fastfood

אוכל רחוב

Streetfood

קנקן תה

Teekanne

מסכרת

Zuckerdose

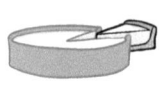

מנה

Portion

מכונת אספרסו

Espressomaschine

כסא תינוק

Hochstuhl

חשבון

Rechnung

מגש

Tablett

סכין

Messer

מזלג

Gabel

כף

Löffel

כפית

Teelöffel

מפית

Serviette

כוס

Glas

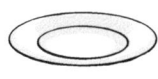

צלחת

Teller

קערת מרק

Suppenteller

תחתית

Untertasse

רוטב

Sauce

מלחייה

Salzstreuer

מטחנת פלפל

Pfeffermühle

חומץ

Essig

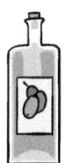

שמן

Öl

תבלינים

Gewürze

קטשופ

Ketchup

חרדל

Senf

מיונז

Mayonnaise

סופרמרקט
Supermarkt

מבצע
Angebot
לקוח
Kunde
מוצרי חלב
Milchprodukte
פירות
Obst
עגלת קניות
Einkaufswagen

אטליז

Schlachterei

מאפייה

Bäckerei

שקל

wiegen

ירקות

Gemüse

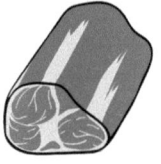

בשר

Fleisch

מזון קפוא

Tiefkühlkost

בשר קר

Aufschnitt

שימורים

Konserven

אבקת כביסה

Waschmittel

ממתקים

Süßigkeiten

מוצרי בית

Haushaltsartikel

חומר ניקוי

Reinigungsmittel

מוכרת

Verkäuferin

קופה

Kasse

קופאי

Kassierer

רשימת קניות

Einkaufsliste

שעות פתיחה

Öffnungszeiten

ארנק

Brieftasche

כרטיס אשראי

Kreditkarte

תיק

Tasche

שקית ניילון

Plastiktüte

שתיות

Getränke

מים

Wasser

מיץ

Saft

חלב

Milch

קולה

Cola

יין

Wein

בירה

Bier

אלכוהול

Alkohol

קקאו

Kakao

תה

Tee

קפה

Kaffee

אספרסו

Espresso

קפוצ'ינו

Cappuccino

אוכל

Essen

בננה

Banane

תפוח

Apfel

תפוז

Orange

אבטיח

Melone

לימון

Zitrone

גזר

Karotte

שום

Knoblauch

במבוק

Bambus

בצל

Zwiebel

פטריות

Pilz

אגוזים

Nüsse

אטריות

Nudeln

ספגטי

Spaghetti

אורז

Reis

סלט

Salat

צ'יפס

Pommes frites

צ'יפס

Bratkartoffeln

פיצה

Pizza

המבורגר

Hamburger

כריך

Sandwich

שניצל

Schnitzel

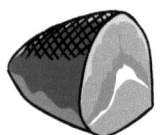

שינקין

Schinken

סלאמי

Salami

נקניקיה

Wurst

עוף

Huhn

טיגון

Braten

דג

Fisch

שיבולת שועל

Haferflocken

מוזלי

Müsli

קורנפלקס

Cornflakes

קמח

Mehl

קרואסון

Croissant

לחמנייה

Brötchen

לחם

Brot

טוסט

Toast

עוגיות

Kekse

חמאה

Butter

גבינה לבנה

Quark

עוגה

Kuchen

ביצה

Ei

ביצת עין

Spiegelei

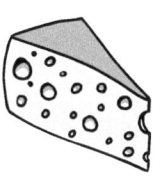

גבינה

Käse

גלידה

Eiscreme

סוכר

Zucker

דבש

Honig

ריבה

Marmelade

ממרח נוגט

Nougat-Creme

קארי

Curry

חווה

Bauernhof

Bauernhaus
אסם
Scheune
חבילת שחת
Strohballen
שדה
Feld
סוס
Pferd
עגלת נגרר
Anhänger
סייח
Fohlen
טרקטור
Traktor
חמור
Esel
כבש
Schaf
טלה
Lamm

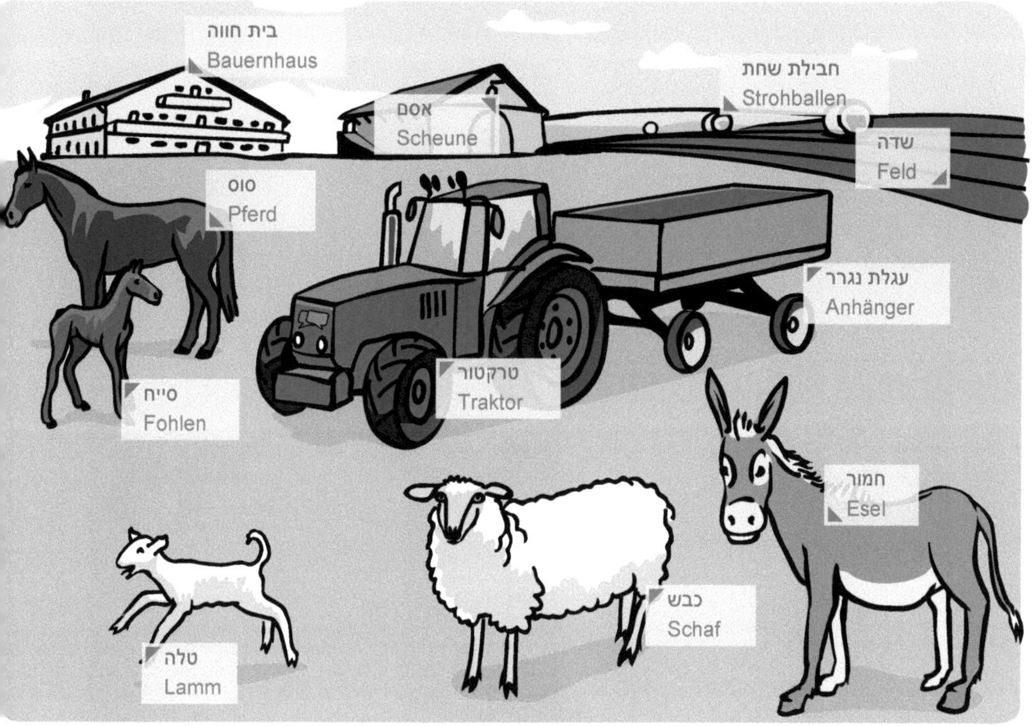

עז
....
Ziege

פרה
....
Kuh

עגל
....
Kalb

חזיר
....
Schwein

חזרזיר
....
Ferkel

שור
....
Bulle

אווז

Gans

ברווז

Ente

אפרוח

Küken

תרנגולת

Huhn

תרנגול

Hahn

חולדה

Ratte

חתול

Katze

עכבר

Maus

שור

Ochse

כלב

Hund

מלונה

Hundehütte

צינור השקיה

Gartenschlauch

קנקן מים

Gießkanne

חרמש

Sense

מחרשה

Pflug

מגל

Sichel

מגרפה

Hacke

קלשון

Mistgabel

גרזן

Axt

מריצה

Schubkarre

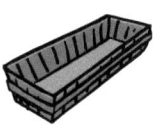

שוקת

Trog

כד חלב

Milchkanne

שק

Sack

גדר

Zaun

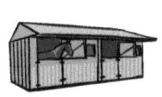

אורווה

Stall

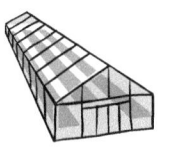

חממה

Treibhaus

אדמה

Boden

זרע

Saat

דשן

Dünger

מקצרה

Mähdrescher

קצר

ernten

קציר

Ernte

בטטה אפריקנית

Yamswurzel

חיטה

Weizen

סויה

Soja

תפוח אדמה

Kartoffel

תירס

Mais

קנולה

Raps

עץ פירות

Obstbaum

קסבה

Maniok

דגנים

Getreide

בית
Haus

ארובה
Schornstein
גג
Dach
מרזב
Regenrinne
חלון
Fenster
מוסך
Garage
פעמון
Klingel
דלת
Tür
פח אשפה
Mülleimer
תיבת מכתבים
Briefkasten
גינה
Garten

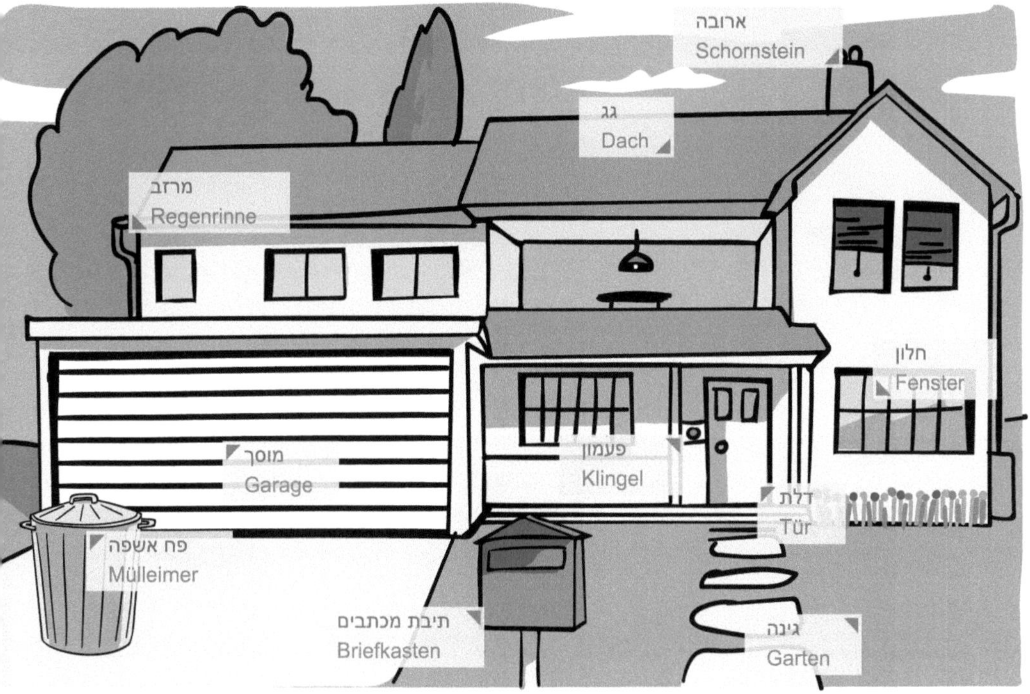

סלון

Wohnzimmer

חדר אמבטיה

Badezimmer

מטבח

Küche

חדר שינה

Schlafzimmer

חדר ילדים

Kinderzimmer

חדר אוכל

Esszimmer

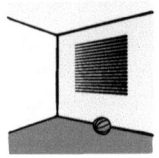

רצפה
Boden

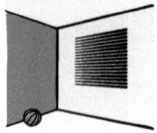

קיר
Wand

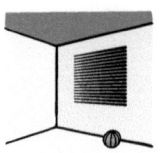

תקרה
Decke

מרתף
Keller

סאונה
Sauna

מרפסת
Balkon

מרפסת
Terrasse

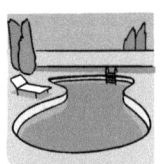

בריכה
Schwimmbad

מכסחת דשא
Rasenmäher

סדין
Bettbezug

כיסוי מיטה
Bettdecke

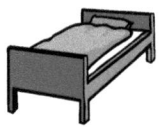

מיטה
Bett

מטאטא
Besen

דלי
Eimer

מפסק
Schalter

סלון

Wohnzimmer

טפט
Tapete
תמונה
Bild
מנורה
Lampe
מדף
Regal
ארון
Schrank
טלוויזיה
Fernseher
אח
Kamin
פרח
Blume
כרית
Kissen
ספה
Sofa
אגרטל
Vase
שלט רחוק
Fernbedienung

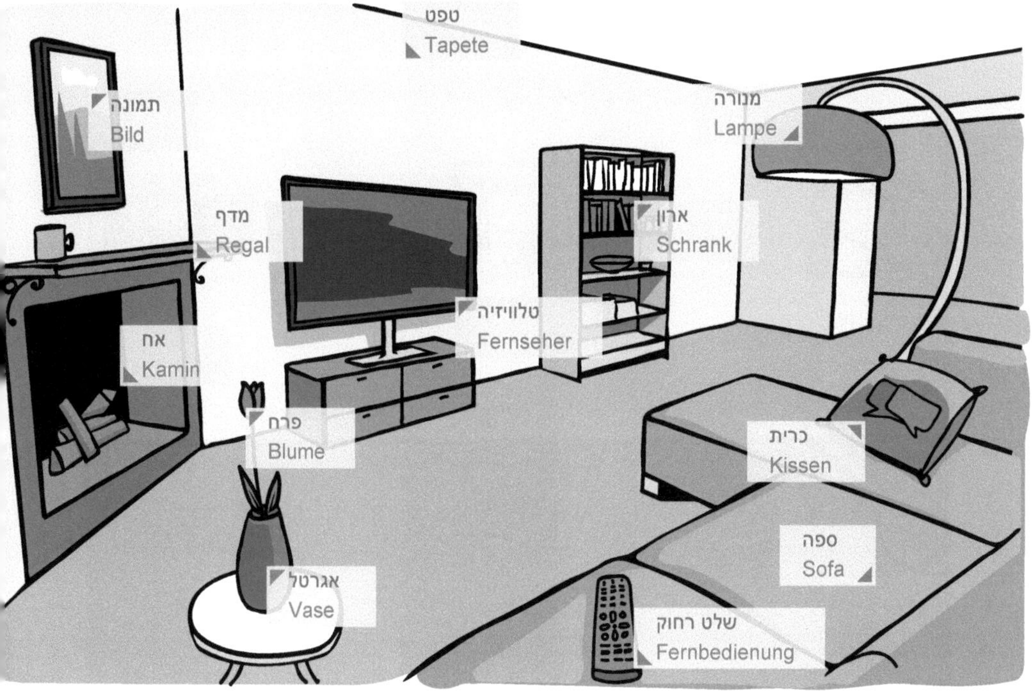

שטיח

Teppich

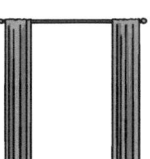

וילון

Vorhang

שולחן

Tisch

כסא

Stuhl

כיסא נדנדה

Schaukelstuhl

כורסה

Sessel

ספר

Buch

שמיכה

Decke

דקורציה

Dekoration

עצי הסקה

Feuerholz

סרט

Film

מערכת סטריאו

Stereoanlage

מפתח

Schlüssel

עיתון

Zeitung

ציור

Gemälde

פוסטר

Poster

רדיו

Radio

מחברת

Notizblock

שואב אבק

Staubsauger

קקטוס

Kaktus

נר

Kerze

מטבח
Küche

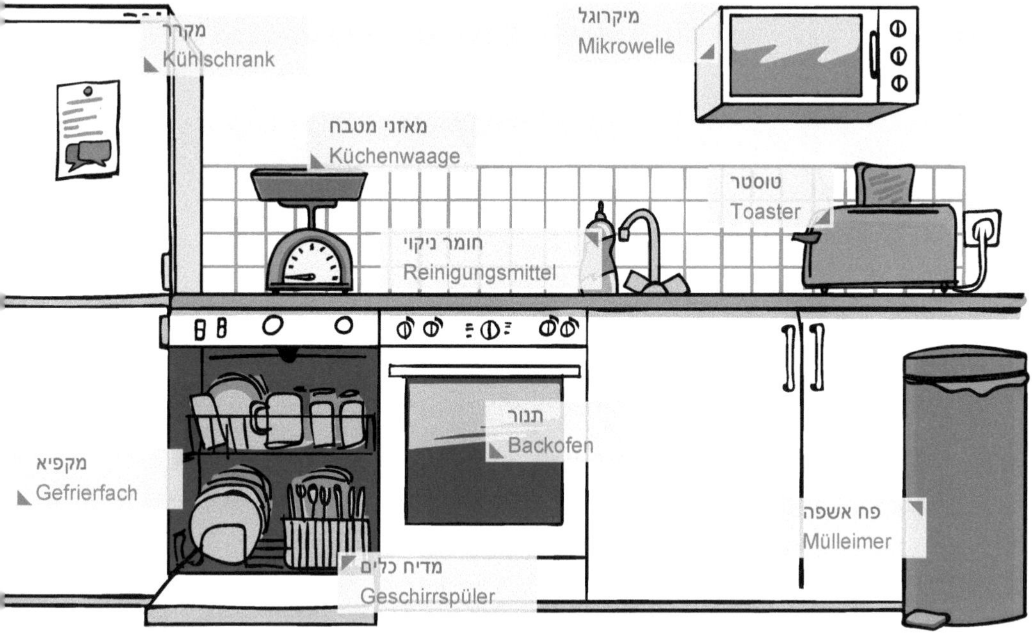

מקרר
Kühlschrank
מיקרוגל
Mikrowelle
מאזני מטבח
Küchenwaage
טוסטר
Toaster
חומר ניקוי
Reinigungsmittel
תנור
Backofen
מקפיא
Gefrierfach
פח אשפה
Mülleimer
מדיח כלים
Geschirrspüler

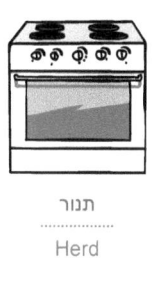

תנור
....
Herd

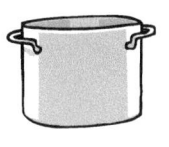

סיר
....
Topf

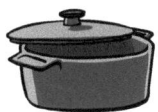

סיר ברזל
....
Eisentopf

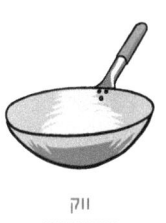

ווק
....
Wok / Kadai

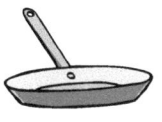

מחבת
....
Pfanne

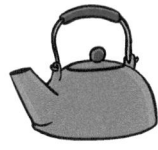

קומקום חשמלי
....
Wasserkocher

מאדה

Dampfgarer

מגש אפייה

Backblech

כלי אוכל

Geschirr

ספל

Becher

קערה

Schale

צ'ופסטיקס

Essstäbchen

מצקת

Suppenkelle

מרית

Pfannenwender

מטרפה

Schneebesen

מסננת בישול

Kochsieb

מסננת

Sieb

מגרדת

Reibe

מכתש

Mörser

גריל

Grill

מדורה

Feuerstelle

קרש חיתוך

Schneidebrett

מערוך

Nudelholz

פותחן פקקים

Korkenzieher

פחית

Dose

פותחן קופסאות

Dosenöffner

מטלית

Topflappen

כיור

Waschbecken

מברשת

Bürste

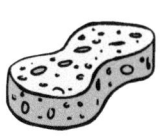

ספוג

Schwamm

בלנדר

Mixer

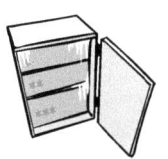

מקפיא

Gefriertruhe

בקבוק לתינוק

Babyflasche

ברז

Wasserhahn

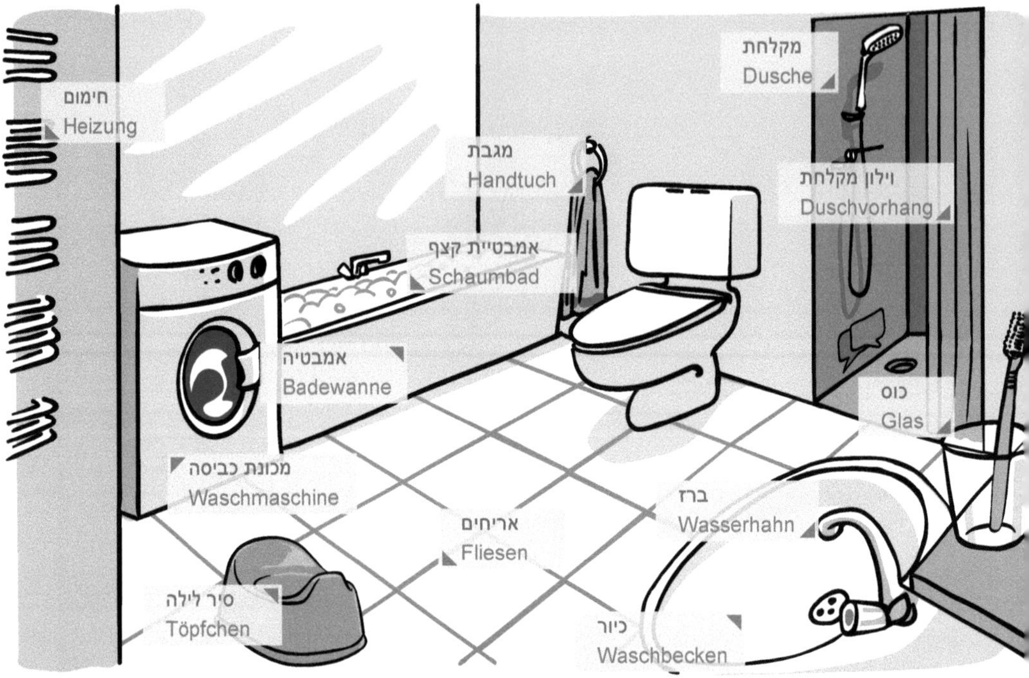

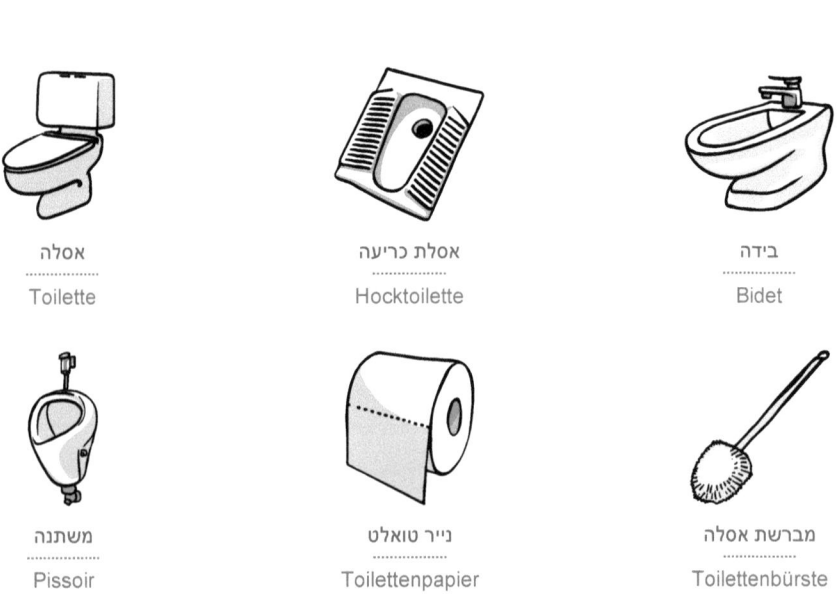

חדר אמבטיה
Badezimmer

מקלחת
Dusche
חימום
Heizung
מגבת
Handtuch
וילון מקלחת
Duschvorhang
אמבטיית קצף
Schaumbad
אמבטיה
Badewanne
כוס
Glas
מכונת כביסה
Waschmaschine
ברז
Wasserhahn
אריחים
Fliesen
סיר לילה
Töpfchen
כיור
Waschbecken

אסלה

Toilette

אסלת כריעה

Hocktoilette

בידה

Bidet

משתנה

Pissoir

נייר טואלט

Toilettenpapier

מברשת אסלה

Toilettenbürste

מברשת שיניים

Zahnbürste

משחת שיניים

Zahnpasta

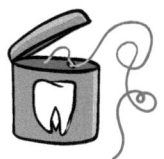

חוט דנטלי

Zahnseide

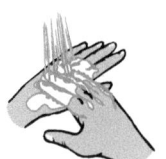

שטף

waschen

מקלחת יד

Handbrause

צינור שטיפה לשירותים

Intimdusche

קערת רחצה

Waschschüssel

מברשת גב

Rückenbürste

סבון

Seife

ג'ל רחצה

Duschgel

שמפו

Shampoo

ליפה

Waschlappen

ניקוז

Abfluss

קרם

Creme

דיאודורנט

Deodorant

מראה

Spiegel

מראת יד

Kosmetikspiegel

סכין גילוח

Rasierer

קצף גילוח

Rasierschaum

אפטרשייב

Rasierwasser

מסרק

Kamm

מברשת

Bürste

מייבש שיער

Föhn

ספריי לשיער

Haarspray

איפור

Makeup

שפתון

Lippenstift

לק

Nagellack

צמר גפן

Watte

מספריים לציפורניים

Nagelschere

בושם

Parfum

תיק כלי רחצה

Kulturbeutel

שרפרף

Hocker

משקל

Waage

חלוק רחצה

Bademantel

כפפות גומי

Gummihandschuhe

טמפון

Tampon

תחבושת סניטרית

Damenbinde

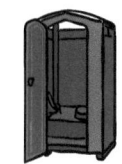

שירותים כימיקליים

Chemietoilette

חדר ילדים

Kinderzimmer

שעון מעורר
Wecker
צעצוע חיבוק
Kuscheltier
מכונית צעצוע
Spielzeugauto
רעשן
Rassel
בית בובות
Puppenhaus
מתנה
Geschenk

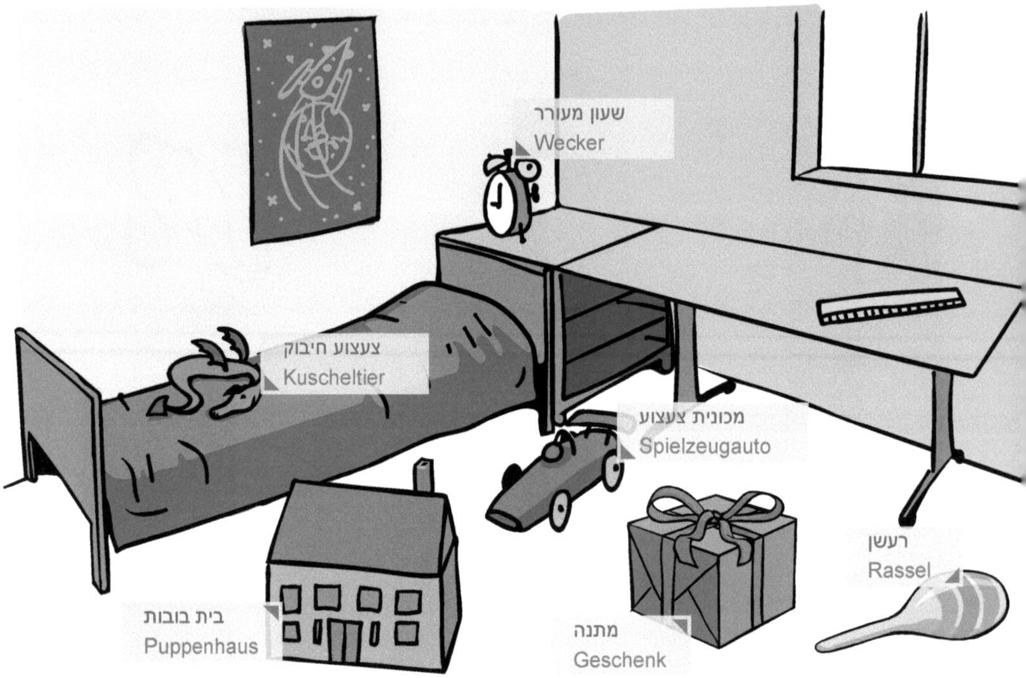

בלון

Ballon

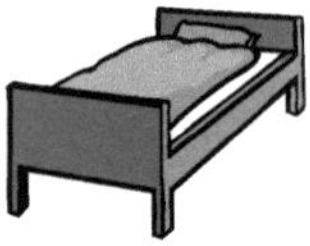

מיטה

Bett

עגלה

Kinderwagen

משחק קלפים

Kartenspiel

פאזל

Puzzle

קומיקס

Comic

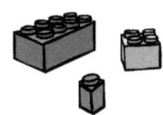

לגו

Legosteine

קוביות משחק

Bausteine

דמות משחק

Action Figur

סרבל תינוקות

Strampelanzug

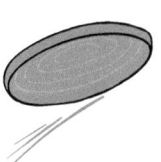

פריזבי

Frisbee

נייד

Mobile

משחק לוח

Brettspiel

קוביה

Würfel

רכבת צעצוע

Modelleisenbahn

מוצץ

Schnuller

מסיבה

Party

אלבום תמונות

Bilderbuch

כדור

Ball

בובה

Puppe

שיחק

spielen

ארגז חול

Sandkasten

נדנדה

Schaukel

צעצועים

Spielzeug

קונסולת משחקים

Spielkonsole

אופניים תלת גלגלי

Dreirad

דובון

Teddy

ארון בגדים

Kleiderschrank

בגדים

Kleidung

גרביים

Socken

גרביונים

Strümpfe

גרביון

Strumpfhose

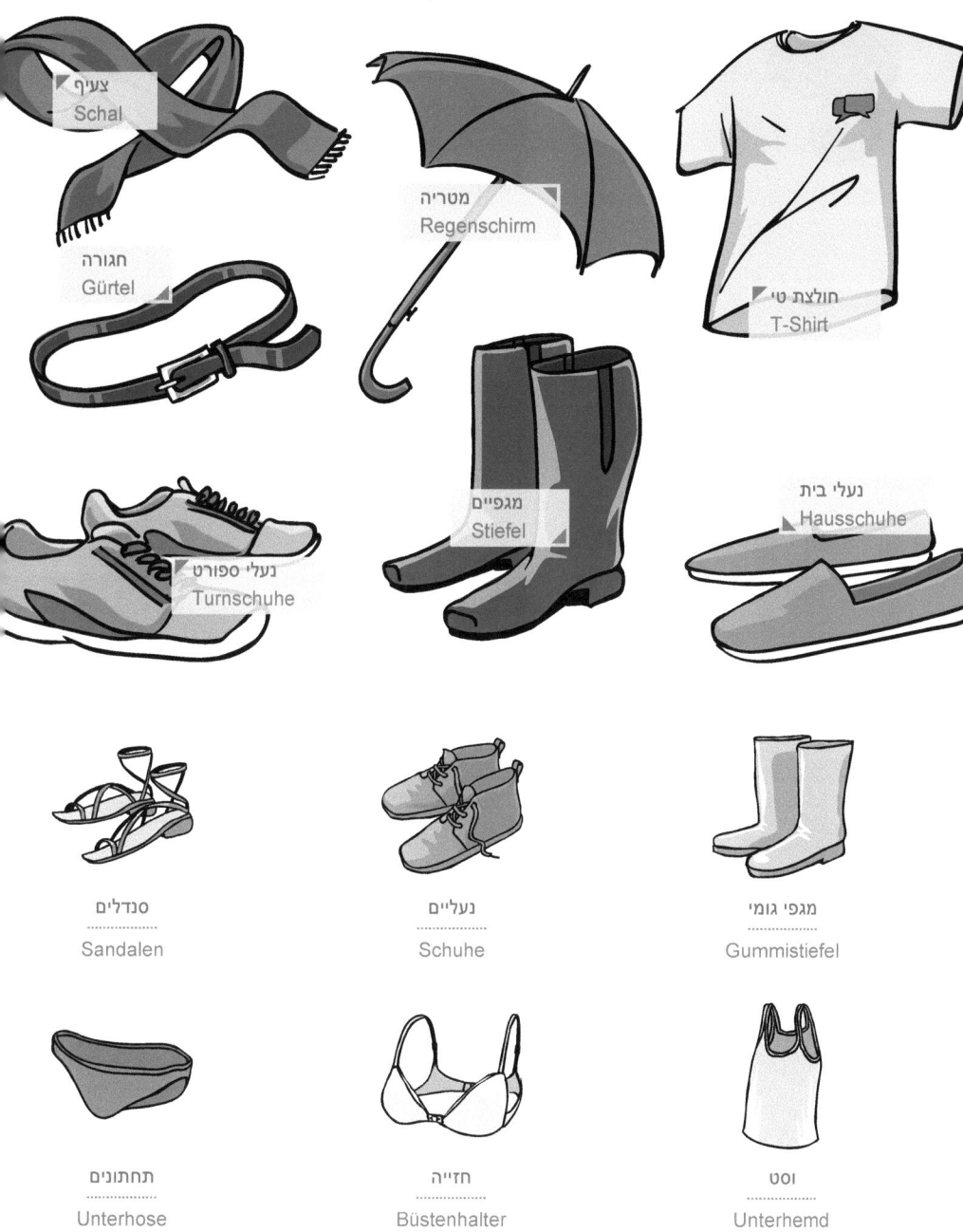

צעיף
Schal

מטריה
Regenschirm

חולצת טי
T-Shirt

חגורה
Gürtel

מגפיים
Stiefel

נעלי בית
Hausschuhe

נעלי ספורט
Turnschuhe

סנדלים	נעליים	מגפי גומי
Sandalen	Schuhe	Gummistiefel

תחתונים	חזייה	וסט
Unterhose	Büstenhalter	Unterhemd

גוף
Body

מכנסיים
Hose

ג'ינס
Jeans

חצאית
Rock

חולצה מכופתרת
Bluse

חולצה
Hemd

אפודה
Pullover

סווצ'ר עם קפוצ'ון
Kapuzenpullover

בלייזר
Blazer

ז'קט
Jacke

מעיל
Mantel

מעיל גשם
Regenmantel

תלבושת
Kostüm

שמלה
Kleid

שמלת כלה
Hochzeitskleid

חליפה

Anzug

כותונת לילה

Nachthemd

פיג'מה

Schlafanzug

סארי

Sari

מטפחת ראש

Kopftuch

טורבן

Turban

בורקה

Burka

קאפטן

Kaftan

עבאיה

Abaya

בגד ים

Badeanzug

בגד ים

Badehose

מכנסיים קצרים

Kurze Hose

בגד אימון

Trainingsanzug

סינר

Schürze

כפפות

Handschuhe

כפתור

Knopf

משקפיים

Brille

צמיד יד

Armband

שרשרת

Halskette

טבעת

Ring

עגיל

Ohrring

כובע

Mütze

קולב

Kleiderbügel

כובע

Hut

עניבה

Krawatte

רוכסן

Reißverschluss

קסדה

Helm

כתפיות

Hosenträger

תלבושת בית ספר

Schuluniform

מדים

Uniform

מפית אוכל

Lätzchen

מוצץ

Schnuller

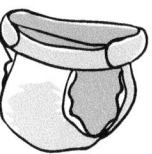

חיתול

Windel

משרד

Büro

שרת
Server
תיקייה
Aktenschrank
מדפסת
Drucker
נייר
Papier
מסך
Monitor
שולחן עבודה
Schreibtisch
עכבר
Maus
תיק
Ordner
מקלדת
Tastatur
סל נייר
Papierkorb
מחשב
Computer
כסא
Stuhl

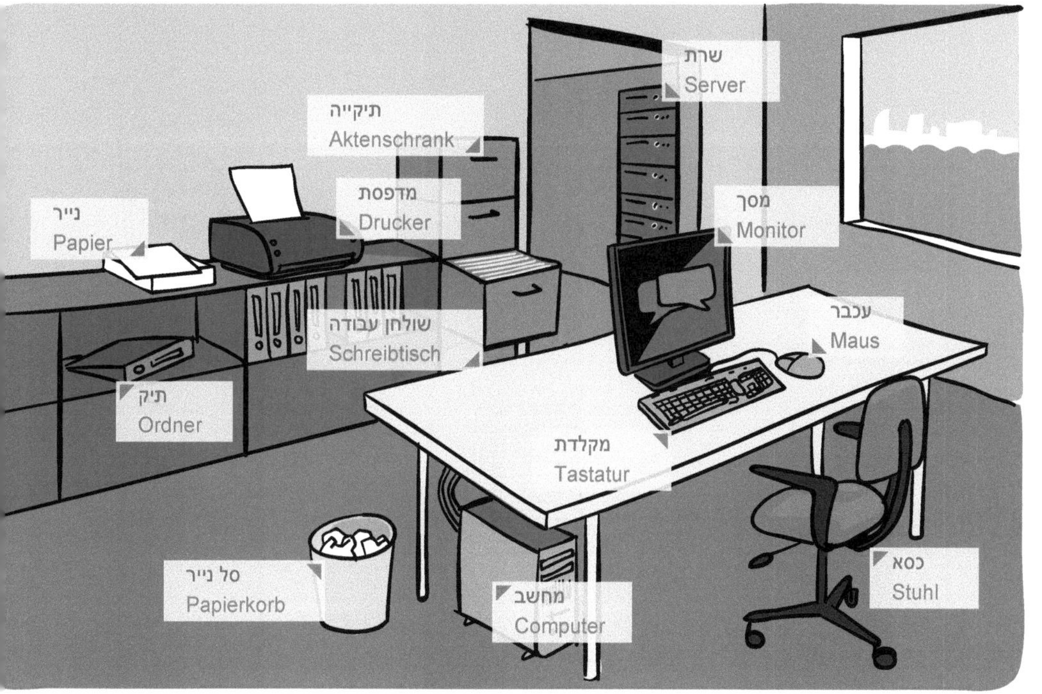

ספל קפה

Kaffeebecher

מחשבון

Taschenrechner

אינטרנט

Internet

מחשב נייד
Laptop

מכתב
Brief

הודעה
Nachricht

נייד
Handy

רשת
Netzwerk

מכונת צילום
Kopierer

תוכנה
Software

טלפון
Telefon

שקע
Steckdose

פקס
Fax

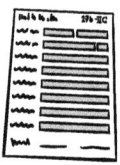

טופס
Formular

מסמך
Dokument

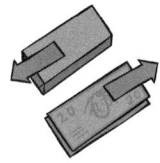

כלכלה
Wirtschaft

קנה

kaufen

שילם

bezahlen

סחר

handeln

כסף

Geld

דולר

Dollar

יורו

Euro

ין

Yen

רובל

Rubel

פרנק שווייצרי

Franken

יואן רנמינבי

Renminbi Yuan

רופי

Rupie

כספומט

Geldautomat

המרת מטבע

Wechselstube

זהב

Gold

כסף

Silber

נפט

Öl

אנרגיה

Energie

מחיר

Preis

חוזה

Vertrag

מס

Steuer

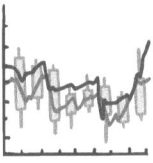

מנייה

Aktie

עבד

arbeiten

עובד

Angestellter

מעסיק

Arbeitgeber

מפעל

Fabrik

חנות

Geschäft

מקצועות
Berufe

שוטר
Polizist
כבאי
Feuerwehrmann
טבח
Koch
רופא
Arzt
טייס
Pilot

גנן
Gärtner

נגר
Tischler

תופרת
Näherin

שופט
Richter

כימאי
Chemiker

שחקן
Schauspieler

נהג אוטובוס

Busfahrer

נהג מונית

Taxifahrer

דייג

Fischer

עובדת נקיון

Putzfrau

מתקן גגות

Dachdecker

מלצר

Kellner

צייד

Jäger

צייר

Maler

אופה

Bäcker

חשמלאי

Elektriker

עובד בניין

Bauarbeiter

מהנדס

Ingenieur

קצב

Schlachter

אינסטלטור

Klempner

דוור

Postbote

חייל

Soldat

אדריכל

Architekt

קופאי

Kassierer

מוכר פרחים

Florist

ספר

Friseur

כרטיסן

Schaffner

מכונאי

Mechaniker

קברניט

Kapitän

רופא שיניים

Zahnarzt

מדען

Wissenschaftler

רב

Rabbi

אימאם

Imam

נזיר

Mönch

כומר

Geistlicher

כלי עבודה
Werkzeuge

פטיש
Hammer
צבת
Zange
מברג
Schraubendreher
מפתח ברגים
Schraubenschlüssel
פנס
Taschenlampe

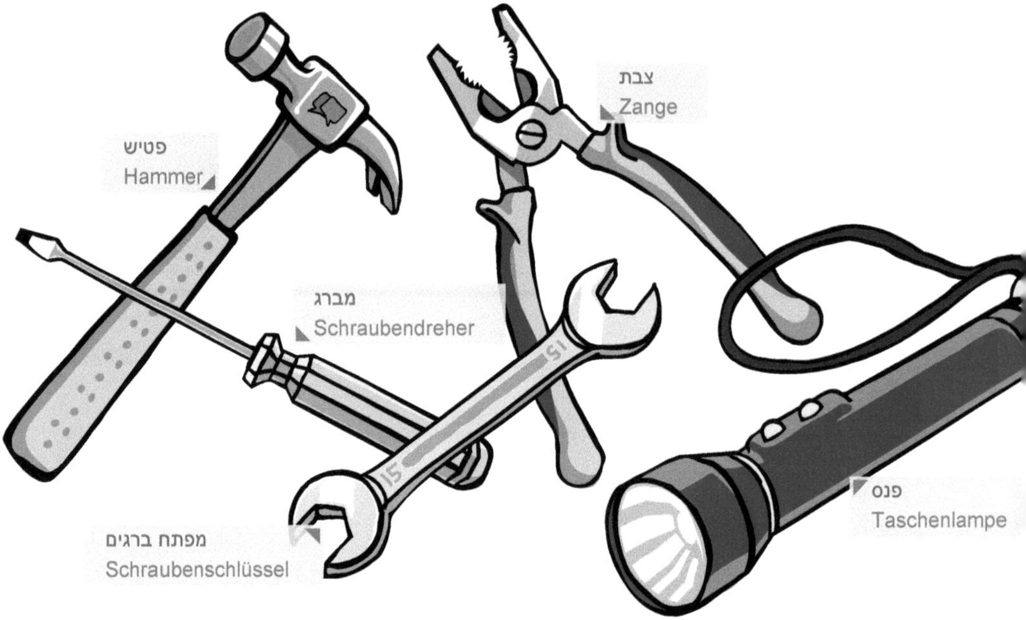

דחפור

Bagger

ארגז כלים

Werkzeugkasten

סולם

Leiter

מסור

Säge

מסמרים

Nägel

מקדחה

Bohrer

לעזאזל!

Mist!

את חפירה

Schaufel

תיקן

reparieren

ברגים

Schrauben

פח צבע

Farbtopf

יעה

Kehrblech

כלי נגינה

Musikinstrumente

רמקול

Lautsprecher

גיטרה

Gitarre

מערכת תופים

Schlagzeug

חצוצרה

Trompete

קונטראבס

Kontrabass

פסנתר

Klavier

כינור

Violine

בס

Bass

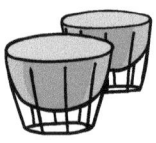

תוף הדוד

Pauke

תופים

Trommeln

מקלדת פסנתר

Keyboard

סקסופון

Saxophon

חליל

Flöte

מיקרופון

Mikrofon

גן חיות
Zoo

כניסה
Eingang
נמר
Tiger
כלוב
Käfig
זברה
Zebra
מזון לחיות
Tierfutter
פנדה
Panda

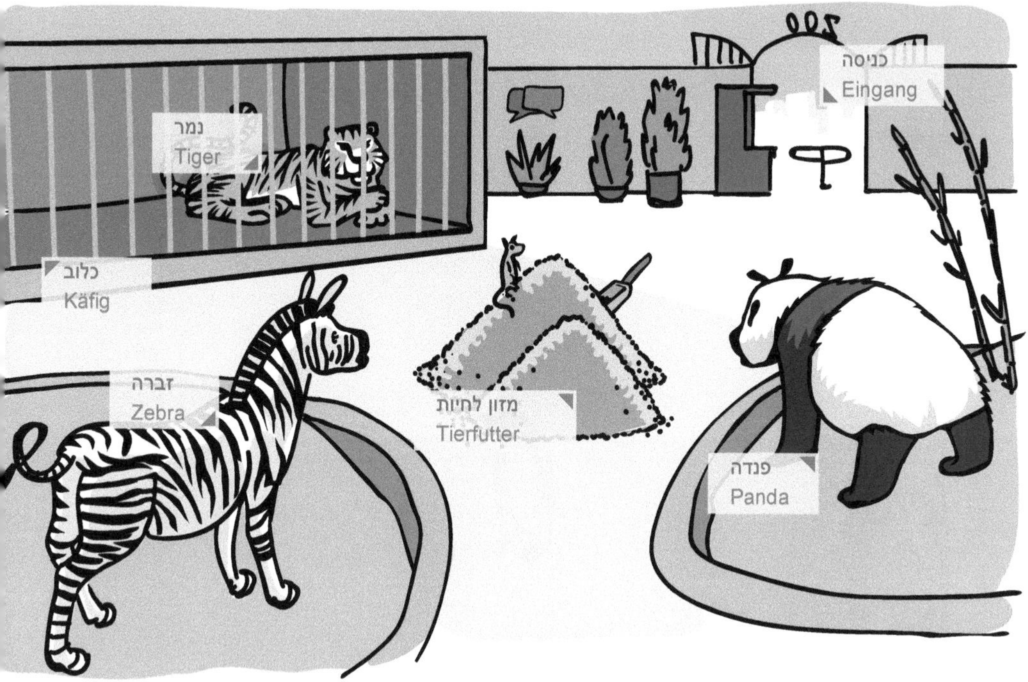

בעלי חיים

Tiere

פיל

Elefant

קנגרו

Känguru

קרנף

Nashorn

גורילה

Gorilla

דוב

Bär

גמל

Kamel

יען

Strauß

אריה

Löwe

קוף

Affe

פלמינגו

Flamingo

תוכי

Papagei

דוב הקרח

Eisbär

פינגווין

Pinguin

כריש

Hai

טווס

Pfau

נחש

Schlange

תנין

Krokodil

שומר גן החיות

Zoowärter

כלב ים

Robbe

יגואר

Jaguar

סוס פוני

Pony

לאופרד

Leopard

היפופוטאם

Nilpferd

ג'ירפה

Giraffe

נשר

Adler

חזיר בר

Wildschwein

דג

Fisch

צב

Schildkröte

סוס ים

Walross

שועל

Fuchs

איילה

Gazelle

ספורט

Sport

פוטבול אמריקאי
American Football
רכיבת אופניים
Radfahren
טניס
Tennis
כדורסל
Basketball
שחיה
Schwimmen
הוקי
Eishockey
אגרוף
Boxen

כדורגל

Fußball

בדמינטון

Badminton

אתלטיקה

Leichtathletik

כדור-יד

Handball

עשה סקי

Skilaufen

פולו

Polo

פעילויות
Aktivitäten

צחק
lachen
קפץ
springen
חיבק
umarmen
הלך
gehen
שר
singen
חלם
träumen
התפלל
beten
נשק
küssen

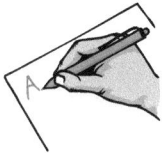

כתב
schreiben

צייר
zeichnen

הראה
zeigen

דחף
drücken

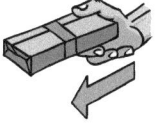

נתן
geben

לקח
nehmen

יש / להיות הבעלים

haben

עשה

tun

היה

sein

עמד

stehen

רץ

laufen

משך

ziehen

זרק

werfen

נפל

fallen

שכב

liegen

חיכה

warten

סחב

tragen

ישב

sitzen

התלבש

anziehen

ישן

schlafen

התעורר

aufwachen

הסתכל ב-

ansehen

בכה

weinen

ליטף

streicheln

סירק

kämmen

דיבר

reden

הבין

verstehen

שאל

fragen

שמע

hören

שתה

trinken

אכל

essen

סידר

aufräumen

אהב

lieben

בישל

kochen

נהג

fahren

עף

fliegen

שט
....
segeln

חישב
....
rechnen

קרא
....
lesen

למד
....
lernen

עבד
....
arbeiten

התחתן
....
heiraten

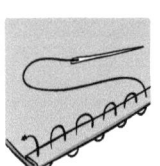

תפר
....
nähen

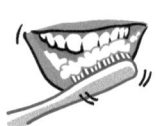

ציחצח שיניים
....
Zähne putzen

הרג
....
töten

עישן
....
rauchen

שלח
....
senden

משפחה
Familie

סבתא
Großmutter
סבא
Großvater
אבא
Vater
אימא
Mutter
תינוק
Baby
בת
Tochter
בן
Sohn

אורח
Gast

דודה
Tante

דוד
Onkel

אח
Bruder

אחות
Schwester

גוף
Körper

מצח
Stirn
עין
Auge
כתף
Schulter
אצבע
Finger
פנים
Gesicht
סנטר
Kinn
כף יד
Hand
רגל
Bein
חזה
Brust
זרוע
Arm

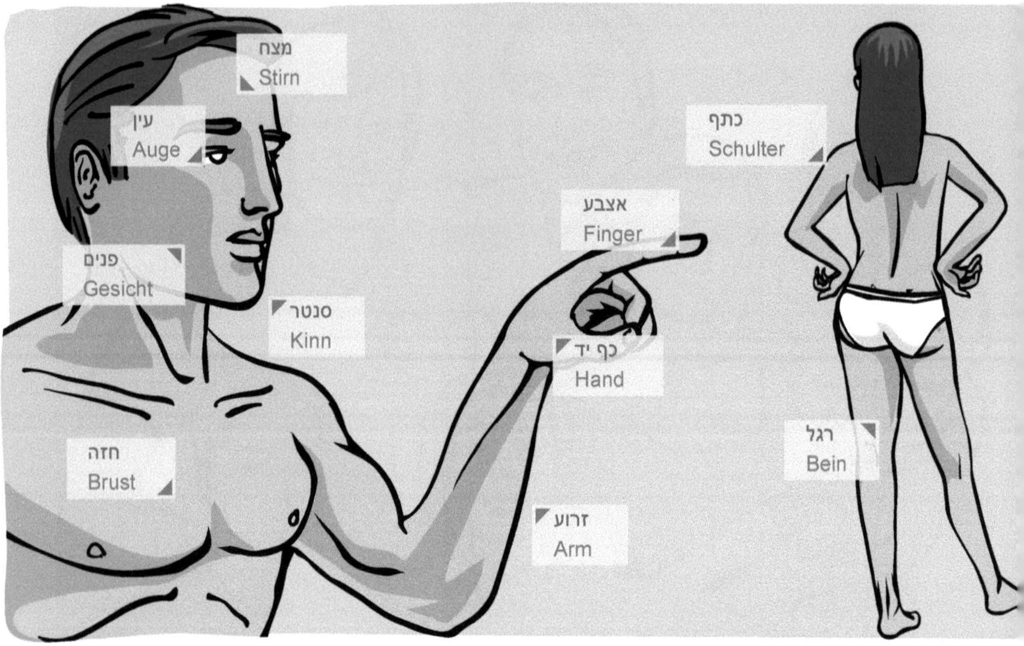

תינוק

Baby

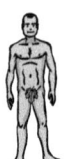

איש

Mann

אישה

Frau

ילדה

Mädchen

ילד

Junge

ראש

Kopf

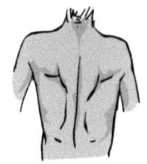

גב

Rücken

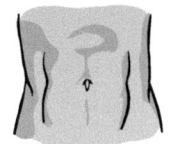

בטן

Bauch

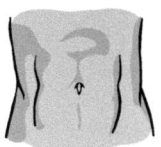

טבור

Nabel

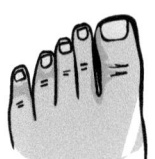

אצבע

Zeh

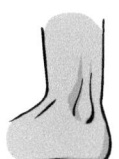

עקב

Ferse

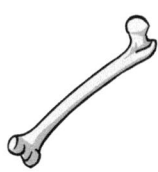

עצם

Knochen

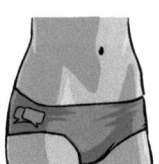

ירך

Hüfte

ברך

Knie

מרפק

Ellenbogen

אף

Nase

עכוז

Gesäß

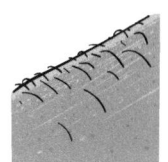

עור

Haut

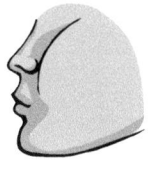

לחי

Wange

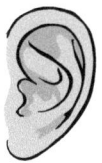

אוזן

Ohr

שפתיים

Lippe

פה

Mund

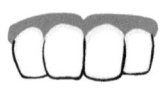

שֵׁן

Zahn

לשון

Zunge

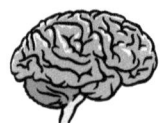

מוח

Gehirn

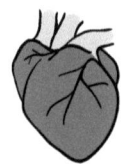

לב

Herz

שריר

Muskel

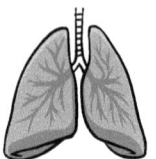

ריאה

Lunge

כבד

Leber

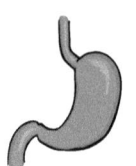

קיבה

Magen

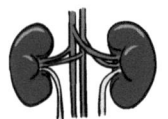

כליות

Nieren

מין

Geschlechtsverkehr

קונדום

Kondom

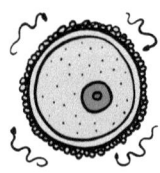

ביצית

Eizelle

זרע

Sperma

הריון

Schwangerschaft

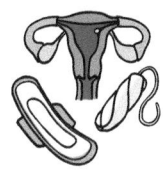

ווסת

Menstruation

נרתיק

Vagina

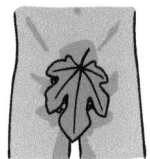

פין

Penis

גבה

Augenbraue

שיער

Haar

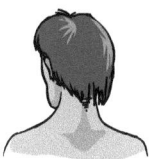

צוואר

Hals

בית חולים
Krankenhaus

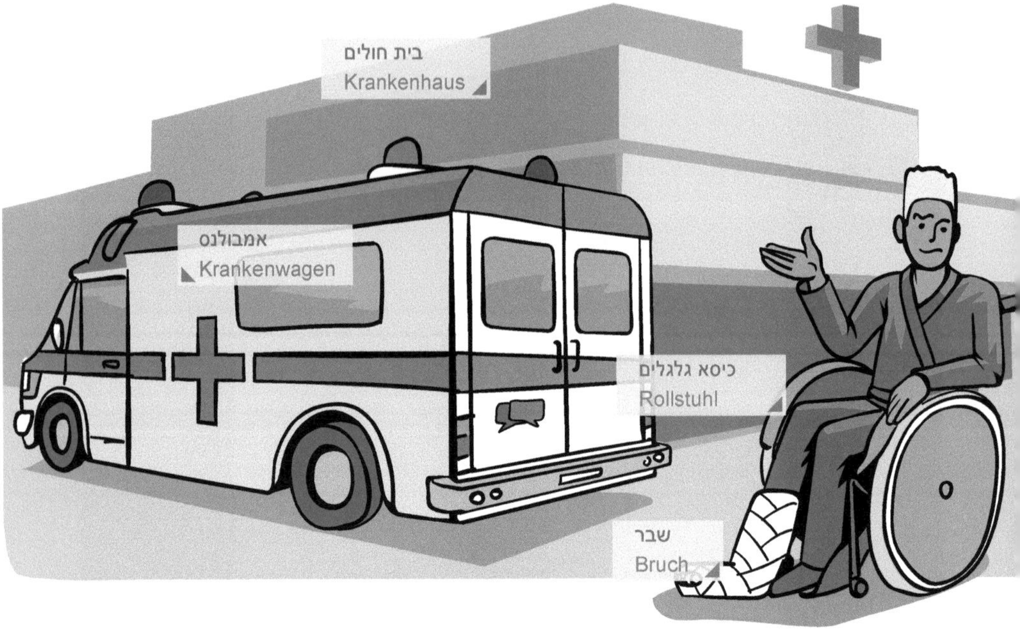

בית חולים
Krankenhaus
אמבולנס
Krankenwagen
כיסא גלגלים
Rollstuhl
שבר
Bruch

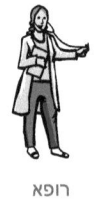

רופא

Arzt

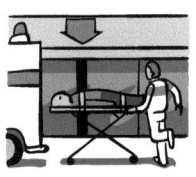

חדר מיון

Notaufnahme

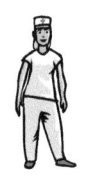

אחות

Krankenschwester

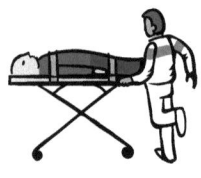

חירום

Notfall

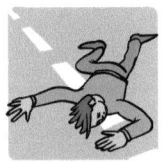

חסר הכרה

ohnmächtig

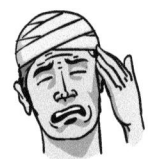

כאב

Schmerz

פציעה

Verletzung

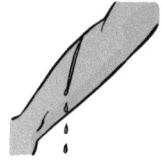

דימום

Blutung

התקף לב

Herzinfarkt

שבץ

Schlaganfall

אלרגיה

Allergie

שיעול

Husten

חום

Fieber

שפעת

Grippe

שלשול

Durchfall

כאב ראש

Kopfschmerzen

סרטן

Krebs

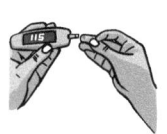

סוכרת

Diabetis

מנתח

Chirurg

אזמל

Skalpell

ניתוח

Operation

סי-טי

CT

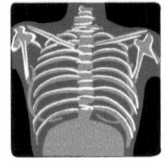

רנטגן

Röntgen

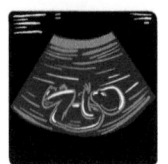

אולטרסאונד

Ultraschall

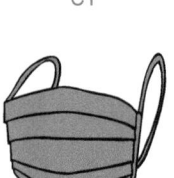

מסיכת פנים

Maske

מחלה

Krankheit

חדר המתנה

Wartezimmer

קבה

Krücke

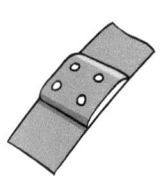

פלסטר

Pflaster

תחבושת

Verband

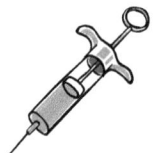

זריקה

Injektion

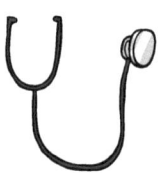

סטטוסקופ

Stethoskop

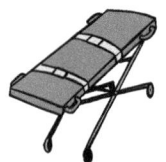

אלונקה

Trage

מד חום

Thermometer

לידה

Geburt

עודף משקל

Übergewicht

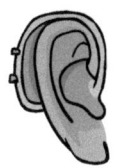

מכשיר שמיעה

Hörgerät

מחטא

Desinfektionsmittel

זיהום

Infektion

נגיף

Virus

איידס

HIV / AIDS

תרופה

Medizin

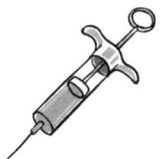

חיסון

Impfung

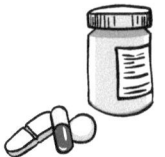

טבליות

Tabletten

גלולה

Pille

קריאת חירום

Notruf

מד לחץ דם

Blutdruck-Messgerät

חולה / בריא

krank / gesund

חירום
Notfall

הצילו!

Hilfe!

אזעקה

Alarm

פשיטה

Überfall

תקיפה

Angriff

סכנה

Gefahr

יציאת חירום

Notausgang

אש!

Feuer!

מטף כיבוי

Feuerlöscher

תאונה

Unfall

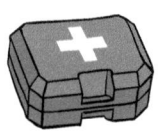

ערכת עזרה ראשונה

Erste-Hilfe-Koffer

הצילו!

SOS

משטרה

Polizei

כדור הארץ
Erde

אירופה

Europa

צפון אמריקה

Nordamerika

דרום אמריקה

Südamerika

אפריקה

Afrika

אסיה

Asien

אוסטרליה

Australien

האוקיינוס האטלנטי

Atlantik

האוקיינוס השקט

Pazifik

האוקיינוס ההודי

Indischer Ozean

האוקיינוס האנטרקטי

Antarktischer Ozean

האוקיינוס הארקטי

Arktischer Ozean

הקוטב הצפוני

Nordpol

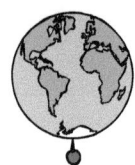

הקוטב הדרומי

Südpol

אנטארקטיקה

Antarktis

כדור הארץ

Erde

אדמה

Land

ים

Meer

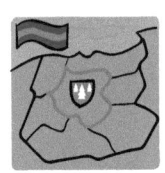

אי

Insel

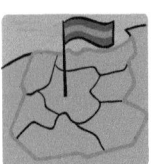

לאום

Nation

מדינה

Staat

פני השעון

Zifferblatt

מחוג השעות

Stundenzeiger

מחוג הדקות

Minutenzeiger

מחוג השניות

Sekundenzeiger

מה השעה?

Wie spät ist es?

יום

Tag

זמן

Zeit

עכשיו

jetzt

שעון דיגיטלי

Digitaluhr

דקה

Minute

שעה

Stunde

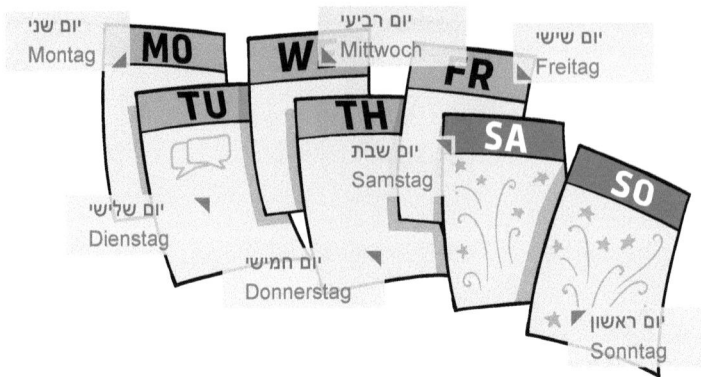

שבוע

Woche

אתמול

gestern

היום

heute

מחר

morgen

בוקר

Morgen

צהריים

Mittag

ערב

Abend

ימי עבודה

Arbeitstage

סוף שבוע

Wochenende

גשם
Regen
קשת בענן
Regenbogen
רוח
Wind
שלג
Schnee
אביב
Frühling
סתיו
Herbst
קיץ
Sommer
חורף
Winter

4.APRIL 11°
5.APRIL 4°
6.APRIL 13°
7.APRIL 8°
8.APRIL 10°

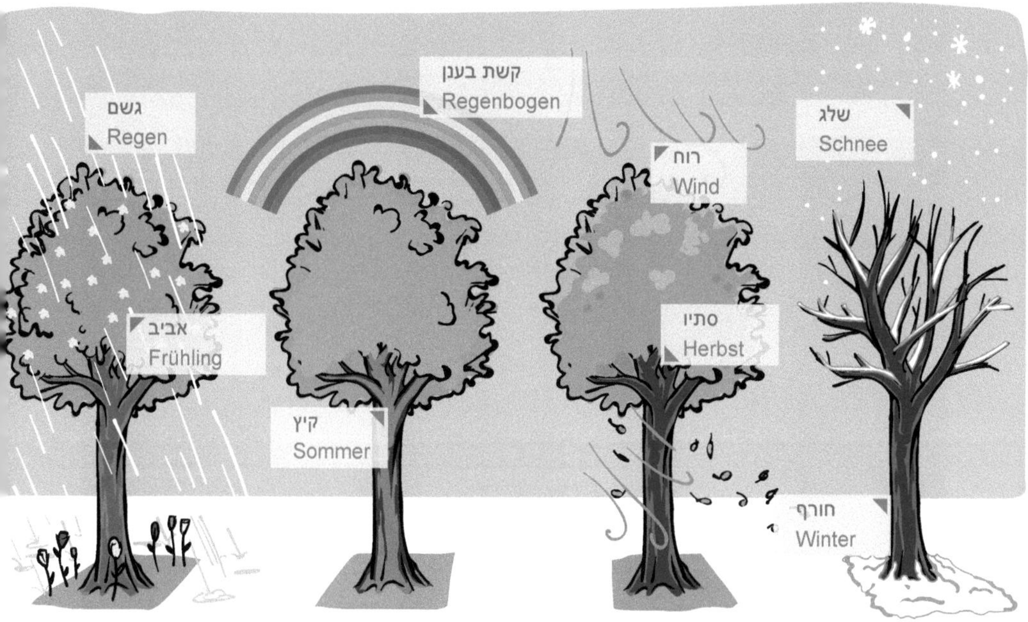

תחזית מזג האוויר
Wettervorhersage

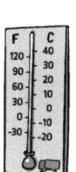

מד חום
Thermometer

אור שמש
Sonnenschein

ענן
Wolke

ערפל
Nebel

לחות
Luftfeuchtigkeit

ברק

Blitz

רעם

Donner

סערה

Sturm

ברד

Hagel

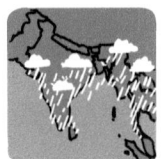

רוח עונתי

Monsun

שיטפון

Flut

קרח

Eis

ינואר

Januar

פברואר

Februar

מרץ

März

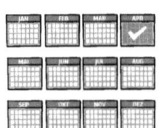

אפריל

April

מאי

Mai

יוני

Juni

יולי

Juli

אוגוסט

August

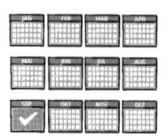

ספטמבר
....
September

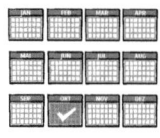

אוקטובר
....
Oktober

נובמבר
....
November

דצמבר
....
Dezember

צורות
Formen

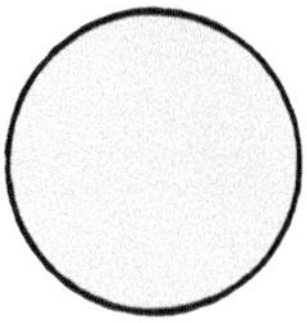

עיגול
....
Kreis

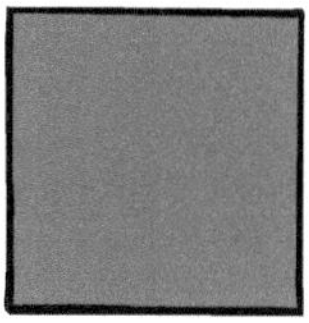

מרובע
....
Quadrat

מלבן
....
Rechteck

משולש
....
Dreieck

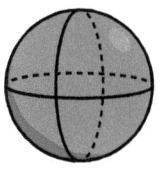

כדור
....
Kugel

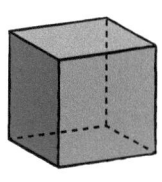

קובייה
....
Würfel

צבעים
Farben

לבן

weiß

צהוב

gelb

כתום

orange

ורוד

pink

אדום

rot

סגול

lila

כחול

blau

ירוק

grün

חום

braun

אפור

grau

שחור

schwarz

הפכים
Gegenteile

הרבה / מעט

viel / wenig

כועס / רגוע

wütend / friedlich

יפה / מכוער

hübsch / hässlich

התחלה / סוף

Anfang / Ende

גדול / קטן

groß / klein

בהיר / כהה

hell / dunkel

אח / אחות

Bruder / Schwester

נקי / מלוכלך

sauber / schmutzig

שלם / חלקי

vollständig / unvollständig

יום /לילה

Tag / Nacht

מת / חי

tot / lebendig

רחב / צר

breit / schmal

אכיל / לא אכיל

genießbar / ungenießbar

רשע / טוב לב

böse / freundlich

מתרגש / משועמם

aufgeregt / gelangweilt

שמן / רזה

dick / dünn

ראשון / אחרון

zuerst / zuletzt

חבר / אויב

Freund / Feind

מלא / ריק

voll / leer

קשה / רך

hart / weich

כבד / קל

schwer / leicht

רעב / צמא

Hunger / Durst

חולה / בריא

krank / gesund

בלתי-חוקי / חוקי

illegal / legal

נבון / טיפש

intelligent / dumm

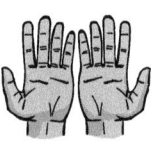

שמאל / ימין

links / rechts

קרוב / רחוק

nah / fern

חדש / משומש

neu / gebraucht

כלום / משהו

nichts / etwas

זקן / צעיר

alt / jung

פעיל / כבוי

an / aus

פתוח / סגור

offen / geschlossen

שקט / רועש

leise / laut

עשיר / עני

reich / arm

נכון / שגוי

richtig / falsch

מחוספס / חלק

rau / glatt

עצוב / שמח

traurig / glücklich

קצר / ארוך

kurz / lang

איטי / מהיר

langsam / schnell

רטוב / יבש

nass / trocken

חם / קר

warm / kühl

מלחמה / שלום

Krieg / Frieden

מספרים
Zahlen

0	אפס	null
1	אחת	eins
2	שתיים	zwei
3	שלוש	drei
4	ארבע	vier
5	חמש	fünf
6	שש	sechs
7	שבע	sieben
8	שמונה	acht
9	תשע	neun
10	עשר	zehn
11	אחת-עשרה	elf

12
שתים-עשרה
zwölf

13
שלוש-עשרה
dreizehn

14
ארבע-עשרה
vierzehn

15
חמש-עשרה
fünfzehn

16
שש-עשרה
sechzehn

17
שבע-עשרה
siebzehn

18
שמונה-עשרה
achtzehn

19
תשע-עשרה
neunzehn

20
עשרים
zwanzig

100
מאה
hundert

1.000
אלף
tausend

1.000.000
מיליון
million

שפות
Sprachen

אנגלית

....

Englisch

אנגלית אמריקאית

....

Amerikanisches Englisch

סינית מנדרינית

....

Chinesisch Mandarin

הודית

....

Hindi

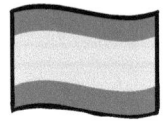

ספרדית

....

Spanisch

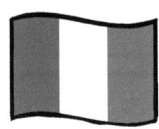

צרפתית

....

Französisch

ערבית

....

Arabisch

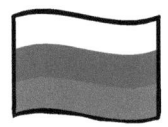

רוסית

....

Russisch

פורטוגזית

....

Portugiesisch

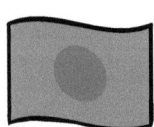

בנגלית

....

Bengalisch

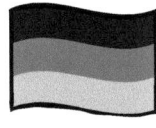

גרמנית

....

Deutsch

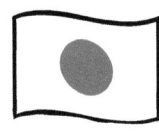

יפנית

....

Japanisch

מי / מה / איך
wer / was / wie

אני

ich

אתה / את

du

הוא / היא / זה

er / sie / es

אנחנו

wir

אתם

ihr

הם

sie

מי?

wer?

מה?

was?

איך?

wie?

איפה?

wo?

מתי?

wann?

שם

Name

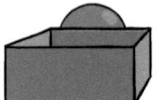

איפה

wo

מאחור

hinter

בתוך

in

לפני

vor

מעל

über

על

auf

מתחת

unter

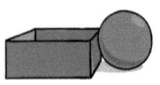

ליד

neben

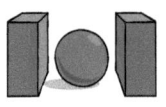

בין

zwischen

מקום

Ort